BEI GRIN MACHT SICH IHR WISSEN BEZAHLT

- Wir veröffentlichen Ihre Hausarbeit,
  Bachelor- und Masterarbeit

- Ihr eigenes eBook und Buch -
  weltweit in allen wichtigen Shops

- Verdienen Sie an jedem Verkauf

Jetzt bei www.GRIN.com hochladen
und kostenlos publizieren

Bibliografische Information der Deutschen Nationalbibliothek:

Die Deutsche Bibliothek verzeichnet diese Publikation in der Deutschen National-bibliografie; detaillierte bibliografische Daten sind im Internet über http://dnb.d-nb.de/ abrufbar.

Impressum:

Copyright © 2009 GRIN Verlag
Druck und Bindung: Books on Demand GmbH, Norderstedt Germany
ISBN: 9783640540617

Dieses Buch bei GRIN:

https://www.grin.com/document/144008

Stefan Walther

Mitarbeiter-Motivation durch leistungsorientierte Vergütung im TVöD

Fallstudie zu einem Buchartikel

GRIN Verlag

Diskutieren Sie die Ausgestaltung der Leistungskomponente im TVöD kritisch vor
dem Hintergrund der Motivationstheorie!

Fallstudie zum Artikel

Leistungsbewertung oder „Nasenprinzip"?

Kurswechsel bei der Weiterentwicklung der leistungsorientierten Vergütung für Beamte

vorgelegt am 16.12.2009

an der
Universität Potsdam

von

Stefan Walther

Inhaltsverzeichnis

1. Einleitung

Motivierte Mitarbeiter sind essentiell für den Erfolg einer Organisation.[1] Unbestritten scheint auch, dass das bisherige Vergütungs- und Beförderungssystem im öffentlichen Dienst nur wenige Leistungsanreize bietet.[2] Mit dem Tarifvertrag für den öffentlichen Dienst (TVöD, 13.09.2005) unternehmen die Tarifparteien den Versuch, die Leistungskomponente, zum Beispiel über leistungsorientierte Entgeltbestandteile, leistungsabhängige Bewegung in den Entgeltstufen oder Führung auf Probe, zu stärken.

Die Fallstudie geht der Frage nach, inwiefern es den Beteiligten durch die Modifikation des Vergütungssystems im öffentlichen Dienst gelingen kann, eine motivations- und folglich auch leistungssteigernde Wirkung zu erzielen.

Die Steuerung von Mitarbeitern setzt Kenntnisse und Antizipation menschlicher Motive und Handlungsweisen voraus. In der Wissenschaft existieren verschiedene Ansätze die sich mit dem menschlichen Verhalten am Arbeitsplatz beschäftigen.

Nach einem kurzen Abriss über ausgewählte Theorien und dem TVöD soll anschließend die Ausgestaltung der Leistungskomponente vor dem Hintergrund der beschriebenen Theorien kritisch diskutiert werden.

---

[1] Vgl. Hammerschmid (2009), S. 85.
[2] Vgl. Bolay (2007), S. 104.

2

2. (Motivations-)Theorie

Zu Beginn der 20. Jahrhunderts wurde ein ausschließlich monokausaler Zusammenhang zwischen Lohn und Leistung, bei dem monetäre Anreize für die Mitarbeiter im Vordergrund stehen, proklamiert.[3] Erst etwas später beschrieb die *Human-Relations-Bewegung*[4] eine neue Art von Motivationsfaktoren. Indem das Konzept eine Beziehung zwischen Arbeitszufriedenheit (sozialer Effizienz) und Arbeitsleistung (ökonomischer Effizienz) herstellte, bezog es erstmals auch soziale Faktoren mit ein.

Schließlich leistete auch der Amerikaner Maslow einen Beitrag zur inhaltlichen Systematisierung menschlicher Motive. Er bot mit seiner *mehrstufigen Bedürfnishierarchie* eine Dringlichkeitsordnung menschlicher Bedürfnisse an. Demnach werden höhere Bedürfnisse nur dann verhaltenswirksam, wenn beispielsweise Grundbedürfnisse, wie jenes nach Schlaf, befriedigt sind. Diese Hierarchiestufen reichen auf einer fünfstufigen Pyramide bis zum Bedürfnis nach Selbstverwirklichung.

Weitere für das Verständnis interessante Theorien sind die *Anreiz-Beitrags-Theorie* von March und Simon, bei der der Arbeitnehmer seine eigene Leistung im Verhältnis zu den dafür erhaltenen Gegenwerten (Anreize) beurteilt, sowie die *Erwartungs-Valenz-Theorie* von Vroom. Letztere beruht vereinfacht auf der These, dass Menschen rational handeln, das heißt, der Mitarbeiter wird als „Egoist" die (Verhaltens-)Alternative wählen, welche für ihn den größten Nutzen (Karriere, Gehalt, weniger Sanktionen…) bringt. Folglich lassen sich die Handlungen der Mitarbeiter über bestimmte Anreize durchaus in eine gewünschte Richtung lenken.

Schließlich liefert auch die *Zweifaktoren-Theorie* nach Herzberg einen Ausgangspunkt für einen motivationstheoretischen Ansatz. Aufbauend auf Maslows Bedürfnispyramide unterscheidet Herzberg zwischen Arbeitszufriedenheit und Unzufriedenheit als zwei unabhängige Größen, welche wiederum von unterschiedlichen Gruppen von Faktoren beeinflusst werden. Eine erste Skala reicht demnach von „Unzufriedenheit" bis zu „keine Unzufriedenheit". Einflussfaktoren sind die so genannten Hygienefaktoren, also extrinsische Motivatoren wie Entlohnung, Arbeitsbedingungen und Unternehmenspolitik. Erst wenn diese Hygienefaktoren entsprechend ausgeprägt sind greift die zweite Gruppe, die Motivationsfaktoren. Hierzu zählen intrinsische Anreize, wie etwa Anerkennung, Verantwortung und interessanter Arbeitsinhalt. Das Ausmaß dieser Faktoren entscheidet schließlich über „Arbeitszufriedenheit" und „keine Arbeitszufriedenheit".

---

[3] Taylor, Frederick Winslow (1956 – 1915), US-amerikanischer Ingenieur und Arbeitswissenschaftler.
[4] Eingeleitet durch die Hawthorne-Experimente (1928-32).

3. Der Tarifvertrag für den öffentlichen Dienst

Die traditionellen Beurteilungs- und Beförderungspraktiken im öffentlichen Dienst gelten bei Kritikern als wenig leistungsfördernd.[5] Mit dem TVöD zielten die Tarifparteien auf die Einführung einer erfahrungs- und leistungsorientierten Entlohnung. Konkret sollte der Anteil der variablen Vergütung von zunächst ein Prozent auf später acht Prozent der gesamten Lohnsumme steigen. Dabei sollte diese Leistungskomponente möglichst aufkommensneutral eingeführt werden.

Grundlage für die Ausschüttung der Prämien sind entweder eine systematische Leistungsbewertung oder eine Zielvereinbarung (§ 18 TVöD).

Zentrales Ziel der Einführung war die Steigerung der individuellen Leistung aller Mitarbeiter – etwa durch eine höhere Motivation.[6] Mitarbeiter mit einer geringeren Leistung erhalten kein Leistungsentgelt, während Beamte mit einer besseren Leistung entsprechend belohnt werden.

Des Weiteren sollen in Zukunft weniger das Alter sondern mehr die Erfahrung als Kriterium für eine mögliche Beförderung herangezogen werden.

4. Leistungskomponente des TVöD vor dem Hintergrund der Motivationstheorie

Eine einfache Kausalkette könnte die Idee des Tarifvertrages beschreiben: Über finanzielle Anreize erhöht sich die Motivation der Mitarbeiter. Die Folge wäre eine verbesserte individuelle Leistung und somit auch eine besser erbrachte (öffentliche) Dienstleistung.[7]

Fraglich bleibt allein, ob sich Mitarbeiter im Allgemeinen und öffentliche Angestellte im Speziellen durch eine derartige Ausgestaltung wirklich zu nachhaltiger Mehrleistung motivieren lassen.

Gerade der Effekt monetärer Anreize auf die Motivation ist oft nur von kurzer Dauer.[8] Auch Herzberg ordnet in seiner Theorie das Gehalt lediglich den Hygienefaktoren zu. So kann es durchaus zu einem kurzfristigen Motivationsschub kommen, dieser vermag jedoch keine dauerhafte Anreizwirkung zu leisten.[9] Gehen bereits sicher geglaubte Prämien wieder verloren, kehrt sich der Effekt gar um und führt zu Demotivation.[10] Hinzu kommt der Umstand,

---

[5] Vgl. Bolay (2007), S. 104.
[6] Vgl. Demmke (2009), S. 66.
[7] Vgl. Bolay (2007), S. 107.
[8] Vgl. Hammerschmid (2009), S. 82 ff.
[9] Vgl. Demmke (2009), S. 58 f.
[10] Solche „Einkommensverluste" werden dabei subjektiv deutlich schwerer gewichtet als ein zusätzliches Einkommen beispielsweise aus einer Prämie.

dass speziell die Beschäftigten im öffentlichen Sektor ihre Motivation scheinbar primär aus intrinsischen Faktoren ziehen.[11] So bevorzugen laut einer Studie gut 94 Prozent der Mitarbeiter der Wiener Stadtverwaltung eine interessante Tätigkeit. Karrieremöglichkeiten sind hingegen nur für circa 67 Prozent wichtig.[12] Eine zu einseitige Konzentration auf monetäre Leistungsanreize scheint auch aus einem weiteren Grund wenig zielführend.[13] So verweisen verschiedene Autoren auf den sogenannten „crowding out effect". Demzufolge sich intrinsische und extrinsische Motivation nicht aufsummieren sondern vielmehr verdrängen. Eine Stärkung der einen Seite – beispielsweise über ein höheres variables Gehalt – muss also insgesamt keinen positiven Effekt nach sich ziehen. Nichtsdestotrotz würde eine Prämie freilich zeigen, dass es eben doch Unterschiede zwischen den Kollegen gibt. Bisher ist es nicht unwahrscheinlich und nur rational, dass ein „Top-Performer" seine Leistung sukzessive auf das allgemeine Niveau reduziert, da es für ihn kaum Anreize für Höchstleistungen gibt (Anreiz-Beitrags-Theorie). Analog werden schlechte Leistungen bisher kaum sanktioniert. Vor dem Hintergrund beispielsweise der Erwartungs-Valenz-Theorie wären positive und negative Sanktionen jedoch durchaus eine Möglichkeit, Mitarbeiter in Ihrem Verhalten zumindest zu beeinflussen.

Eine Chance des TVöD könnte hingegen sein, durch die Leistungskomponente mehr externe Leistungsträger anzulocken, welche bisher eher von der Privatwirtschaft rekrutiert wurden. Selbstverständlich ohne einen Gehaltswettkampf führen zu wollen. Allein die Höhe der Prämie scheint dazu bisher als völlig unzureichend. Eventuell ist dies auch der Grund dafür, dass beispielsweise die bereits zu einem Teil variabel vergüteten Mitarbeiter der österreichischen Verwaltung kaum Verschiebungen zwischen den Dimensionen der Motivation aufweisen.[14] Nicht nur nach Herzberg haben Mitarbeiterbeteiligung, Fairness und Transparenz einen großen Einfluss auf die Motivation der Beschäftigten.[15] So könnten die geplanten Leistungsbeurteilungen und Zielvereinbarungen aus dem TVöD vielleicht einen nicht zu unterschätzenden Beitrag zur flächendeckenden Leistungssteigerung leisten. Dabei wird es vor allem auf die richtige und professionelle Gestaltung dieser Instrumente ankommen. Der Mitarbeiter muss sich durch eine Zielvereinbarung zwangsläufig mit den Zielen seiner Organisation beschäftigen. Nach dem Kredo „Transparenz schafft Akzeptanz" wird ihm deutlich, warum was von ihm gefordert wird und wie er konkret seinen Beitrag zu einer erfolgreicheren öffentlichen Verwaltung leisten kann. Wird der Beamte zu einem gewissen Grad über die Zielvereinba-

---

[11] Vgl. Hammerschmid (2009), S. 77.
[12] Vgl. ebenda, S. 83.
[13] Vgl. Bolay (2007), S. 108.
[14] Vgl. Hammerschmid (2009), S. 84.
[15] Vgl. Demmke (2009), S. 61.

rung an der Definition des Ziels beteiligt, kann ihm diese Partizipation zusätzlichen Antrieb verleihen. Eine solche eindeutig intrinsische Motivation wird nach Herzberg einen positiveren und nachhaltigeren Effekt als jede Gehaltserhöhung haben. Die Leistungsbeurteilung schließlich gibt ihm ein konkretes Feedback, zeigt also Stärken und Schwächen auf und kann von der Führungskraft als Instrument zur Diskussion eben dieser verwendet werden. Die Idee dieser objektiven und systematischen Leistungsbeurteilung gilt es – gegebenenfalls unabhängig von der leistungsorientierten Bezahlung – konsequent in die Praxis umzusetzen. Maßstab für Beförderungen und/oder Prämien kann nur ein professionelles Beurteilungssystem sein, welches von Mitarbeitern wie Führungskräften gelebt wird. Gerade die Führungskräfte stehen vor der Herausforderung, weg vom „Gießkannenprinzip" und hin zu einem systematischem und offenen Umgang bezüglich schlechter Leistungen zu gelangen. Eventuell kann die derzeitige Ausgestaltung der variablen Komponente dabei sogar als Chance begriffen werden. Es ist durchaus nachvollziehbar, dass ein Mitarbeiter nicht durch den Entzug einer (Leistungs-)Prämie demotiviert werden soll. Die Höhe der Prämie von zurzeit nur einem Prozent lässt den „Verlust" jedoch verschmerzbar erscheinen. Diese Gelegenheit könnten alle Beteiligten (also Führungskräfte und Beschäftigte) nutzen, um sich an gerechtere und gegebenenfalls strengere Beurteilungen zu gewöhnen und zu lernen, sachlich damit umzugehen, ohne wirkliche (finanzielle) Einbußen hinnehmen zu müssen. Auf dieser langsam wachsenden Bewertungskultur könnte dann mit einer höheren variablen Vergütung aufgebaut werden.

Ohne Frage wird auch das Problem der Messung der Zielerreichung weiterhin eine schwierige Aufgabe darstellen. Einzelziele lassen sich nur in wenigen Bereichen wirklich objektiv formulieren und messen. Eventuell ist es jedoch möglich, in der einen oder anderen Abteilung über Teamziele einen Leistungsanreiz zu setzen. Der einzelne öffentliche Angestellte könnte sich – sofern seine Leistung unter dem Durchschnitt liegt – durch den horizontalen Druck des Teams zusätzlich angespornt sehen.

Ein Schritt hin zu einem gerechteren System ist zweifelsohne die Substitution des Alters durch Erfahrung als Leistungskriterium.[16] Allein bleibt abzuwarten, inwiefern es sich dabei lediglich um eine kosmetische Änderung handelt.

---

[16] Vgl. Demmke (2009), S. 62.

5. Schlussbetrachtung

Nicht nur in der Privatwirtschaft ist leistungsgerechte Bezahlung ein kaum mehr wegzuden-
kendes Instrument des Motivationsmanagements.[17] Nichtsdestotrotz darf es dabei nicht über-
schätz werden.[18] Ein falsch angelegtes und etwa ungerechtes System der Leistungsvergütung
birgt mehr Risiken als das es Nutzen stiftet. Ein solches Konzept muss vielmehr im Gesamt-
kontext der Organisation und vor dem theoretischen Hintergrund der verschiedenen Dimensionen der Motivation bewertet werden. Getreu dem Zitat von Mark Twain: „Je mehr Ver-
gnügen du an deiner Arbeit hast, umso besser wird sie bezahlt." wird deutlich, dass Lohnzah-
lungen – neben verschiedenen anderen Anreizen – nur ein Element des Vergütungssystems
sein können.

Zweifelsohne ist die variable Komponente im TVöD kaum in der Lage, wirkliche Akzente zu
setzen.

Zugute kommt dem Konzept jedoch die Unterstützung der betroffenen Beamten. Die meisten
von ihnen unterstützen die Einführung eines solchen Systems.[19]

---

[17] Vgl. ebenda, S. 68.
[18] Vgl. Bolay (2007), S. 108.
[19] Vgl. Demmke (2009), S. 66.

Literaturverzeichnis

Bolay, Friedrich (2007): Leistungsbewertung oder „Nasenprinzip"?, in: Verwaltung und Management, 13. Jg., Heft 2, S. 10-109.

Demmke, Christoph (2009): Leistungsbezahlung in den öffentlichen Diensten der EU-
Mitgliedstaaten – Eine Reformbaustelle, in: dms – der moderne staat – Zeitschrift für
Public Policy, Recht und Management, Heft 1/2009, S: 53-71.

Hammerschmid, Gerhard u.a. (2009): Das Konzept der Public Service Motivation, in: dms –
der moderne staat – Zeitschrift für Public Policy, Recht und Management, Heft
1/2009, S: 73-92.

.

Wörter: 1.417